Pascale Schekulin

Ko(s)misches Bewusstsein

Pascale Schekulin

Kosmisches Bewusstsein

Die Ego-Welt durchschauen

1. Auflage
2022 © Pascale Schekulin
www.beschwingtleben.ch

ISBN: 978-3-7568-4237-7

Die Deutsche Nationalbibliothek verzeichnet diese Publikation
in der Deutschen Nationalbibliografie; detaillierte bibliografische
Daten sind im Internet über www.dnb.de abrufbar.

Buchgestaltung und Cover: www.layart.li
Umschlagmotiv und Illustration: © depositphotos.com

Herstellung und Verlag: BoD – Books on Demand, Norderstedt
Made in Germany

INHALTSVERZEICHNIS

Dieses Buch ist Meister M – Mario Mantese – gewidmet;
einem «Leerer» fernab aller Lehren.
In tiefer Dankbarkeit und Liebe.

VORWORT

Es ist mir eine große Ehre, das Vorwort für dieses Buch schreiben zu dürfen. Dass ich an verschiedenen Stellen persönlich vorkomme, freut mich wirklich sehr.
Die Autorin und ich kennen uns bereits eine kleine Ewigkeit. Ich würde meinen, wir haben deshalb eine wirklich gefestigte Beziehung zueinander.
Beim Lesen musste ich öfters schmunzeln, vor allem bei den Passagen, in denen ich vorkomme. Wir haben eben den gleichen Humor, meistens zumindest ...
Du musst wissen, die Formulierungen sind absichtlich etwas übertrieben geraten. Es versteht sich von selbst, dass sie mich auf diese Weise auf den Arm nehmen wollte. Wie gesagt, wir haben eine gute Beziehung zueinander und wirklich schon einiges miteinander erlebt.
Aber dies wäre der Stoff für andere Bücher und um diese geht es jetzt ja nicht.

So bleibt mir nur noch übrig, dir einen Heidenspaß beim Lesen zu wünschen. Ich bin sicher, du wirst dich auch amüsieren.

Also, dann mal los mit dem Lesespaß ...

Das Ego (liebevoller Kosename: *Egöli*)
Gais, im August 2022

Einführung

Es warten auf dich einige Gedichte,
inspiriert durch meine Geschichte.

In meinem Leben ging es auf und ab,
das kann ich hier sagen ganz knapp.

Gründe dafür muss ich dir sehr wahrscheinlich nicht
nennen,
diese wirst du plus/minus aus deinem eigenen Leben
kennen.

Oftmals ist die Suche nach Lösungen nur symptomatisch,
dann bleibt das Ganze weiterhin eher problematisch.

In der Welt scheint ebenfalls einiges aus den Fugen
geraten,
dafür habe ich auch keine Lösungen, das kann ich hier
verraten.

Es ist eine Innenschau ins eigene Universum, zu dem die
Texte animieren,
nun hoffe ich, du wirst deswegen nicht gleich die Lust
daran verlieren.

Denn die Gedichte sollen zum Schmunzeln anregen,
und hoffentlich dadurch deine Stimmung anheben.

Doch was mir ehrlich gesagt am meisten am Herzen liegt,
dass sich unsere Sichtweise aufs Leben erweitert und
verschiebt.

Wenn man versucht, den Dingen auf den Grund zu gehen,
wird man vielleicht eine grundlegende Dynamik darin
sehen.

Es gibt vermutlich EIN großes Missverständnis im Leben,
wenn man es als DAS erkennt, wird man es sicher beheben.

Nicht das ICH sollte den Ton bei allem angeben,
sondern die Seele sollte sich über alles erheben.

Dadurch würde man den Puls des Lebens in sich selbst und
in allem spüren,
und es wäre immer mehr möglich, ein grundlos glückliches
Dasein zu führen.

GEDICHTE VON A-Z

«ALLER ANFANG HAT EIN ENDE, UND DANN...»

Als Baby wissen wir noch nicht, wohin die Reise führt,
umso mehr sind die Eltern bei unserer Geburt gerührt.

Allmählich werden uns all die Gepflogenheiten beigebracht,
nicht zuletzt wird an eine gute Zukunft für uns gedacht.

Wir lernen fleißig, wie man sich in seiner Kultur benimmt,
damit auch das Umfeld jederzeit gut auf uns ist gestimmt.

Doch keinesfalls ist das Leben deshalb immer nur stimmig,
das eine oder andere macht einen manchmal auch grimmig.

Wie kommt man nun trotz Prägungen zu eigenen Gedanken,
ohne dass das vorgefertigte Weltbild kommt ins Wanken.

All das Antrainierte und Verinnerlichte kann auch sein ganz
hilfreich,
damit können wir uns erschaffen unseren gewohnten
Lebensbereich.

Denn eigentlich wollen wir doch alle nur glücklich sein,
auch wenn es vielleicht manchmal nur ist zum Schein.

Und dann eines schönen Tages wird uns unsere Endlich-
keit bewusst,
quälend können diese Gedanken sein über den
bevorstehenden Verlust.

Haben wir wirklich alles erlebt, was wir wollten,
sind auch alle unsere Schulden abgegolten.

Wieso war der Anfang so unschuldig und rein,
und das Ende beladen mit mehr oder weniger Pein.

Muss denn das wirklich so sein ...

«SICH BEWUSST SEIN ÜBER SEIN SEIN»

Nun wird es gleich etwas abstrakt,
und das bereits im zweiten Akt.

Natürlich kann man diesen Buchstaben auch überspringen,
denn ich möchte keinesfalls jemanden zum Lesen zwingen.

Auch ich tue mir selbst nicht allzu leicht mit diesem Thema,
es gibt dazu ja auch kein beweisbares und handfestes Schema.

Das Thema ist somit nicht wirklich fassbar,
und für den Verstand schon gar nicht klar.

Auf alle Fälle wird jedem klar sein, dass er gerade lebt,
auch wenn er den Begriff nicht bis in die Tiefe versteht.

Ohne Zweifel steht also fest, dass wir Bewusstsein haben,
oder sind wir vielleicht Bewusstsein, könnte man hier fragen.

Da gibt es auch noch den Begriff vom universellen
Bewusstsein,
und die Ansicht, dass wir Menschen nicht wie wir meinen
sind so klein.

Es gibt Menschen, die haben einen Einblick dahin gehend erhalten,
doch darüber zu debattieren, würde die Menschheit nur mehr spalten.

Zweifelsohne muss dem Universum eine gigantische Kraft zugrunde liegen,
manch einer ist drauf und dran, sein Weltbild entsprechend zu verschieben.

Anscheinend sind wir alle aus dem einen Urknall gesprungen,
was daraus alles entstand, ist höchst erstaunlich und gelungen.

Der Mensch ist nur ein winziger Ausdruck dieser Energie,
was wir in Wahrheit sind, verstehen wir vielleicht nie.

Wenn, dann muss man sich auf den Weg begeben und dies selbst erfahren,
alle Spekulationen und Meinungen dazu kann man sich deshalb sparen.

«Lebensenergie im Fluss»

Gerne möchte ich ein Thema, das mir sehr am Herzen liegt,
einschieben,
Chakren können helfen, unser Empfinden in Richtung
mehr Liebe zu verschieben.

Die Informationen über Chakren sind enorm,
und kommen daher in unterschiedlichster Form.

Schön wäre es, wenn dieses Thema bald zum
Allgemeinwissen gehört,
und sich niemand mehr an dem vermeintlich «esoterischen
Wissen» stört.

Es geht dabei nicht um Erkenntnisse für einen
auserwählten Verein,
Chakren sind für mich wie ein Schlüssel zum menschlichen
Dasein.

Eine Auseinandersetzung mit den Chakren kann sich
lohnen,
und eine neue Sichtweise ermöglichen auf all die
Körperfunktionen.

Je mehr man erforscht die erstaunlichen Chakra-Funktionen,
eröffnen sich einem fürs Leben ganz neue Dimensionen.

Und nicht etwa für einen weiteren Egotrip,
oder um in gewissen Kreisen zu sein hip.

Es bieten sich den Menschen Entwicklungsmöglichkeiten,
um auf dem Lebensweg bewusster voranzuschreiten.

Gespannt kann man sein, wie wir uns als Menschen
weiterentwickeln,
und uns hoffentlich nicht mehr allzu lange in Ego-Welten
verwickeln.

«UNGLÜCK IM GLÜCK
ODER GLÜCK IM UNGLÜCK»

Die Dualität ist für uns Menschen vorgegeben und real,
dies gibt ein Spannungsfeld, welches nicht immer ist ideal.

Gerne würde man vielleicht das Glück für sich pachten,
und dem Unglück ausweichen oder es einfach missachten.

Doch das Eine kann ohne das Andere nicht existieren,
möchte man nur das Eine, wird man auf Erden immer
verlieren.

Da ist aber auch die dunkle Nacht, mit ihrer Sternenpracht,
diese können wir umso mehr genießen, da am Tag die Sonne
lacht.

Auch die «Krone der Schöpfung» tritt auf als Paar,
wer zuerst da war, ist aber nicht eindeutig und klar.

Wandelte auf Erden zuerst der Mann oder doch die Frau,
aber macht eine Antwort darauf wirklich zufriedener und schlau.

Sicher ist auf alle Fälle, dass auf Erden alles ist dual,
vielleicht braucht es zum wahrhaft Glücklich-Sein keine Wahl.

«Der grosse Stratege auf dem Schlachtfeld»

So ein EGO ist definitiv nicht einfach zu erfassen,
trotzdem wollen wir die Frage nicht weglassen.

Das EGO ist ein wenig wie ein Schauspieler mit
verschiedenen Rollen und Kostümen,
je nach Stück sind nicht alle Darsteller gleich beliebt und
schon gar nicht zum Rühmen.

Ein guter Schauspieler ist derjenige, der sich mit der Rolle
identifiziert,
und während des Stücks keinesfalls das aufgesetzte
Gesicht verliert.

Doch ist das Spiel zu Ende, muss er die Maske ablegen,
und gegen seine Feinde im Stück keinen Groll mehr hegen.

Im echten Leben sind die Rollen nicht gar so klar verteilt,
es ist immer wieder ein anderer EGO-Anteil, der
vorauseilt.

Die Masken werden vom EGO je nach Lust und Laune an-
und abgelegt,

und Gefühle gegenüber anderen Protagonisten willkürlich
weiter gehegt.

Dem EGO scheinen seine verschiedenen Rollenspiele nicht
wirklich klar,
das macht das ganze Stück etwas unberechen- und
undurchschaubar.

Wer ist denn bloß dieses EGO, fragt sich kurz einmal auch
der Verstand,
doch der ist so beschäftigt mit Denken, dass diese Frage
bleibt am Rand.

Aber was soll denn überhaupt diese tiefschürfende Fragerei,
dem großen Strategen sind solche Fragen mehr als einerlei.

Das EGO findet sich und sein Wirken einfach genial,
der Weg auf dem es sich fortbewegt, ist aber eher schmal.

Dieser Weg ist zudem gespickt mit so manchen Tücken,
doch dies zu wissen, würde nur sein Weltbild verrücken.

Man fragt sich, ist das Ego wirklich unschlagbar,
oder vielleicht doch eher etwas sonderbar.

Die Krönung der Schöpfung kann dieses doch wahrlich nicht
sein,
die Frage sei dahingestellt, ob das EGO nur existiert zum Schein.

Denn wenn man die EGO-Zwiebel schält mit Geduld Schicht
um Schicht,
kommt nicht ohne Tränen, doch nach und nach, der
wahrhaftige Kern ans Licht.

«FORT-SCHREITEN, ABER WOHIN EIGENTLICH»

Über unsere Fortschritte sind wir immer ganz stolz und
erfreut,
unwahrscheinlich ist, dass jemand das Erreichen höherer
Ziele bereut.

Im Kleinen wie im Großen muss es stets höher und weiter sein,
das macht uns glücklich und zufrieden, fast alle sind sich
darin ein'.

Es gibt bestimmt auch Ausnahmen in diesem etwas
unseligen Spiel,
vielleicht wollen sogenannte Weltverbesserer vom Ganzen
nicht gar so viel.

Aber auch die haben ihre Vorstellungen vom wahren Glück,
welches sie sich ebenfalls redlich erarbeiten Stück für Stück.

Auch wenn es vielleicht manchmal wirkt etwas verbissen,
Hauptsache man hat beim Ganzen ein gutes Gewissen.

Doch eigentlich wollen wir doch nur fortschreiten,
um auszuschöpfen all unsere Möglichkeiten.

Und so bleibt die große Frage im Raum stehen,
wo wir da eigentlich alle gemeinsam hingehen.

Vielleicht sitzen wir ja bereits auf dem wahren Schatz,
und müssen gar nicht mehr finden den richtigen Platz.

«SIND GEDANKEN WIRKLICH FREI»

Da reihen sich Gedanken einer um den anderen,
der Friede sucht vergeblich eine Lücke zum Landen.

Das Tempo, in dem die Gedanken daherpurzeln, ist enorm,
das gilt als gegeben und gehört für den Mensch zur Norm.

Alle die Gedanken sind auch da zum Erschaffen großartiger
Welten,
dass dies ein Ego nicht als die große Freiheit sieht, ist gar selten.

Hat einer das Ausmaß dieser Gefangenschaft erst einmal
erkannt,
hat der Frieden eine Chance und ist nicht mehr allzu lange
verbannt.

Doch Geduld ist gefragt, will man den Frieden als Dauergast
einladen,
denn erst mal formieren sich neue Gedanken, um dies zu
hinterfragen.

Der Verstand facht die Gedanken kräftig an und ist dauernd
am Denken,

dieses Zweiergespann wird einem den Frieden nicht ohne
Weiteres schenken.

Aber diese müssten ohnehin zuerst einmal ihren König
fragen,
aber was würde der zu einem solchen Ansinnen überhaupt
sagen.

Eine derartige Vorstellung wäre für König Egöli bestimmt
nur zum Lachen,
und so müssen seine Untertanen unter seiner
Knechtschaft einfach weitermachen.

Stelle Mann und Frau sich vor, die Funktionalität des
Denkens wäre einem bewusst,
dies wäre für den König der Anfang vom Ende und sein
bevorstehender Machtverlust.

Und wäre das tiefe Durchschauen dieser Ego-Dynamik
erst einmal vollbracht,
wäre zweifelsohne an den inneren Frieden nicht mehr nur
länger gedacht.

«HUMOR IST, WENN MAN TROTZDEM LACHT»

Im Leben ist Humor unverzichtbar,
das ist für mich einfach sonnenklar.

Lachen ist erwiesenermaßen sehr gesund,
dadurch wird das Leben im Alltag erst richtig rund.

Natürlich darf man sich nie über andere Menschen lustig machen,
sondern sollte vor allem über die eigenen Egöli-Allüren lachen.

Denn es hat sich bewährt, mit Humor Abstand zu gewinnen,
und nicht ständig über all die Allüren nachzusinnen.

Doch trotz Schmunzeln bleibt das Egöli manchmal etwas eigen,
das darf man an dieser Stelle auf keinen Fall verschweigen.

Am besten nimmt man das Ego dann einfach mit ins Boot,
denn irgendwann kommt Egölis Welt auch so wieder ins Lot.

Wichtig ist doch einfach, dass einem das Lachen nie
vergeht,
und man sich trotz allem auf und ab mit dem Egöli gut
versteht.

Auf alle Fälle bewährt es sich sehr,
das Leben nicht zu nehmen allzu schwer.

«WAS BIN ICH»

Man identifiziert sich ständig mit gar viel,
wichtig ist dabei zu haben einen eigenen Stil.

Sind es nun *meine* Kleider, *mein* Auto oder auch *mein* Beruf,
Hauptsache man bekommt dadurch einen guten Ruf.

All die schönen Dinge, die einem so gehören,
bergen auch die Gefahr, dass sie einen betören.

Solange man im Besitz ist von diesen,
werden sie geschätzt und gepriesen.

Wenn es auf irgendeine Weise kommt zum Verlust,
breitet sich ungehindert und schnell aus ein Frust.

Dadurch kann es kurzfristig zu Gemütsverstimmungen
kommen,
der Blick aufs eigene Leben wird getrübt und verschwommen.

Es fühlt sich fast an, als wäre ein Teil von einem zerronnen,
dies steht im Gegensatz zum Beginn, als man das Ding hat
gewonnen.

Manch einer würde vielleicht sagen, das ist maßlos übertrieben,
doch vielleicht müsste man nur etwas den Blickwinkel verschieben.

Es sei mal dahingestellt, ob man das so sieht,
oder vor derartigen Ansichten doch lieber flieht.

Solche Überlegungen sind doch einfach mal ganz interessant,
und auch frappant, wie das Ego solche Gedanken umgeht galant.

«JENSEITS VON GUT UND BÖSE»

Manchmal ist es jenseits von Gut und Böse,
was einem im Diesseits wird präsentiert.
Die Frage stellt sich für den Einen oder die Andere,
ob einem im Jenseits ein besseres Leben wird garantiert.

Da könnte man nun ewig darüber spekulieren,
und sich unendlich im Philosophieren verlieren.

Man stelle sich nun vor, wir würden in die Lage versetzt,
dass es gäbe einzig und allein ein Sein im Hier und Jetzt.

Indem wir einfach glücklich und zufrieden wären,
und uns nicht um all die Fragen würden scheren.

Müssten wir uns dann überhaupt Gedanken machen,
über all die unzählig dies- und jenseitigen Sachen.

Denn wir wünschen doch für uns und unsere Lieben,
nichts sehnlicher als diesen ewigen Seelenfrieden.

Und wenn es möglich wäre, wieso dies Glück nicht gleich
beim Schopf packen,

immer mit dem Wissen, dass wir sowohl davor wie auch danach «Holz hacken».

«KRÜCKEN MIT TÜCKEN»

Konzepte sind gar praktisch, man kann mit diesen faktisch,
so gut wie alles in der Welt erklären,
und sich so im Leben souverän bewähren.

Doch steht man mit seinen Konzepten gar allein,
sucht man sich am besten einen gleichgesinnten Verein.

Dieser sollte mit seinen Grundsätzen zu einem passen,
damit man seine Überzeugungen nicht allzu bald muss verlassen.

Aber auch die besten Konzepte können plötzlich wanken,
und man sieht sich konfrontiert mit etwaigen Schranken.

Nun muss man vielleicht alte Anschauungen hinterfragen,
und wenn es unbequem wird keinesfalls verzagen.

Denn nun gilt es, mittels des Verstandes gut abzuwägen,
damit niemand an Egölis Meinung beginnt zu sägen.

Ist es dafür nun besser sich anzupassen,
oder seine Meinung nicht zu verlassen.

Die Vorteile müssen fürs Ego klar ersichtlich sein,
dafür wahrt man auch gerne mal den Schein.

Oder man wird nicht von seiner Meinung abweichen,
um kämpferisch und mit Biss sein Ziel zu erreichen.

Dies alles scheint irgendwie anstrengend zu sein,
soll man dann überhaupt in einen Verein.

Wohlverstanden ist Verein hier im übertragenen Sinn
gemeint,
wo Menschen mit derselben Meinung sich fühlen vereint.

Dies ist auch keinesfalls abwertend zu sehen,
man muss nur den tieferen Sinn darin verstehen.

Konzepte werden so eventuell zu Krücken mit Tücken,
vielleicht braucht es einfach ab und an ein paar Lücken.

«Lebendig sein im Hier und Jetzt»

Was ist eigentlich mit Lebendigkeit gemeint,
vielleicht dass man das Leben nicht verneint.

Einfach vor sich hin zu leben kann es nicht sein,
und auch nicht ein Leben zu führen nur zum Schein.

Müssen wir uns fürs Lebendig-Sein einsetzen,
und für diesen Zustand überall hinwetzen.

Vielleicht haben wir eine Vorstellung vom lebendig leben,
und bemühen uns dementsprechend ein Bild abzugeben.

Oder ist mit Lebendigkeit unser individuelles Sein gemeint,
welches bei jedem wieder etwas anderes vereint.

Das sind Fragen über Fragen,
was soll man da sagen.

Vielleicht ist es eine Art Seinszustand,
der nicht zu erklären ist mit dem Verstand.

Am besten wird es sein, diesen Zustand selbst zu erleben,
damit sich allfällige Missverständnisse darüber beheben.

«WEM GEHÖREN DENN ALL DIESE MEIN-UNGEN»

Meinungen sind gar wichtig in der Egöli-Welt,
damit man darin auch seine Identität behält.

Ist die Meinung erst einmal gemacht und ins eigene
Repertoire aufgenommen,
wird der Blick auf seine Mitmenschen und die Welt nicht
selten verschwommen.

Denn das Ego mit seiner Überzeugung ist der Mittelpunkt
von allem,
andere Meinungen lässt sich das Ego dann nicht mehr
gerne gefallen.

Gerne würden wir diesen heiklen Sachverhalt etwas
genauer betrachten,
und dafür vorgefertigte Meinungen etwas in den
Hintergrund verfrachten.

Die zentrale Frage wäre, wie all diese Meinungen zustande
kommen,
und woher und von wem man das gesamte Wissen hat
vernommen.

Wie sicher und zuverlässig sind denn all diese Quellen,
welche so ein Egöli schnell einmal lassen anschwellen.

Es gibt in dieser Welt unzählig viele Wahrheiten,
welche sich in alle Richtungen brandschnell verbreiten.

Müsste man vielleicht allem selbst auf den Grund gehen,
um die Sachverhalte und den Inhalt wirklich zu verstehen.

Doch ob man DIE Wahrheit findet in dieser Welt,
sei dann doch einfach mal frei dahingestellt …

Nicht-Handeln

«... UND TROTZDEM KEIN FAULPELZ SEIN»

Dieses Thema ist nun nicht ganz leicht zu verstehen,
dafür muss man nach innen und in die Tiefe gehen.

Vielleicht muss man sich die berühmte Frage nach dem
«Wer bin ich?» stellen,
und sich für die Antwort in die Gesellschaft eines
erwachten Meisters gesellen.

Denn er hat die Antwort darauf bereits gefunden,
ist deshalb aber keinesfalls im Nirwana verschwunden.

Wo soll er dort auch hin,
das wäre für ihn kein Gewinn.

Er hat erkannt, was er im Hier und Jetzt nicht sein kann,
und welch großes Glück er dadurch für sich und andere gewann.

Im Nicht-Handeln wird man alles weiterhin tun,
und sich nicht etwa auf den Lorbeeren ausruhen.

Wenn man nicht mehr derjenige ist, welcher handelt,
ist man auch nicht mehr ungut mit dem Ego verbandelt.

Dann wird man erstmals unendlich kreativ,
und zweifelsohne unermesslich produktiv.

Das Handeln im Nicht-Handeln wird so ganz natürlich,
und stellt sich ein, wenn die Zeit dafür da ist, unwillkürlich.

Am besten versucht man, den Ego-Schwindel zu
durchschauen,
und auch wenn es harzig ist, auf ein gutes Ende zu
vertrauen.

Oneness = Einheit

«KLEINE IMPROVISATION, DAS E IST LEIDER BEREITS BESETZT»

Es scheint plausibel, dass ursprünglich alles aus einer
Energie entstand,
und alle Dinge einfach nur stecken in einem
unterschiedlichen Gewand.

Zur Einheit würde sich ein Ego deshalb nie und nimmer
gesellen,
das würde grundsätzlich seine Einmaligkeit infrage stellen.

Aus diesem Grund hat das Ego vermutlich den Buchstaben
E geschnappt,
und so um ein Haar den Erklärungsversuch der Einheit
geschickt verkappt.

Doch auch wenn es das Ego nicht wird entzücken,
erlaube ich mir, sein Selbstbild etwas zu verrücken.

Denn wenn die Vielfalt in der Einheit eingebettet ist,
dann wären all die Identifikationen vom Ego eine List.

Es könnte dann nicht mehr auf Erden herrschen und sich
über alles erheben,

sondern müsste zuerst mal sich und anderen seine
Überheblichkeit vergeben.

Sich nicht ständig in Konkurrenz mit allem zu befinden,
würde helfen, dass viele Probleme könnten verschwinden.

Vom Stein über die Pflanze, alle Tiere bis zum Insekt,
hätten eine Daseinsberechtigung, ob mit oder ohne
Intellekt.

Achtsam würde mit allem umgegangen,
nach Macht hätte keiner mehr Verlangen.

Denn egal was auf Erden gebürtig,
alles Leben wäre dann ebenbürtig.

Und wenn in den Menschen eine solche Haltung der
Einheit wäre entstanden,
würde sich das Leben auf dieser wunderschönen Erde
sicherlich wandeln.

Vielleicht ist dies auch eine Utopie,
und auf Erden geschieht das nie.

«ENT-WICKLUNG ODER DOCH LIEBER VERWICKLUNG»

Die einen sind Persönlichkeiten von Rang und Namen,
andere sind bestrebt, eine Karriere dahin gehend zu
planen.

Dann gibt es solche, für die ist dies kein Ziel,
und nicht weil der Aufwand wäre zu viel.

Vielmehr haben sie höhere, spirituelle Ambitionen,
und wollen ihre Persönlichkeit keinesfalls schonen.

Denn so ein Ego mit Persönlichkeit kann man keinesfalls
gebrauchen,
dies würde einen auf dem spirituellen Weg nur allzu sehr
schlauchen.

Ja, das Egöli sollte auch nicht vor sich hin dösen,
sondern sich am besten ganz in Luft auflösen.

Dann würde «der Erleuchtung» nichts mehr im Wege
stehen,
und das Licht am Ende vom Tunnel wäre endlich zu
sehen.

Doch leider kann man das Erwachen nicht einfach so wählen,
zuerst gilt es, Schicht um Schicht die Ego-Zwiebel zu schälen.

Hat das Ego den Ernst der Lage erst einmal erkannt,
und befürchtet, dass es bald könnte werden verbannt,
wird es plötzlich sehr kooperativ und zugänglich,
denn es möchte alles andere werden als vergänglich.

Das Problem ernsthaft zu lösen, ist plötzlich sein Ding,
doch die wahre Bereitschaft dazu ist wahrlich gering.

Nun gilt es, besonders wachsam zu sein,
denn das Ego macht nur mit zum Schein.

Begibt man sich einmal an des Spielfelds Rand,
erkennt man schnell, dass es liegt auf der Hand,
dass der Verursacher aller Probleme das Egöli selbst ist,
man aber ständig darauf reinfällt und dies vergisst.

Deshalb gilt es, in diesem ausgeklügelten Spiel wachsam zu bleiben,
denn wir wollen das Ego ja nicht einfach bekämpfen oder vertreiben.

Sondern seine Dynamik tief durchschauen,
um uns immer mehr dem Leben anzuvertrauen.

«EIN AUSSTIEG IST EIGENTLICH IMMER MÖGLICH»

So mancher sucht Auswege aus dem gängigen Leben,
lebbare Alternativen zu finden, bleibt meistens vergeben.

Doch hier ist auch nicht ein solch weltlicher Ausstieg gemeint,
wo man Gleichgesinnte sucht und sich mit diesen vereint.

Hier geht es um ein inneres Aussteigen aus dem genormten Spiel,
ohne dass davon nach außen für andere ersichtlich wird allzu viel.

Man lebt weiterhin ein ganz normales Leben,
ohne in spirituellen Höhenflügen zu schweben.

Im Grunde genommen ist ein Querausstieg nicht wirklich schwer,
vorausgesetzt man fürchtet sich nicht zu werden mehr und mehr leer.

Wie jeder Mensch durchlebt man unterschiedlichste Sachen,
die auch nicht immer nur erfreulich sind und zum Lachen.

Doch an dieser Stelle ist etwas herauszustreichen,
man wägt sein Schicksal nicht mehr ab und hört auf mit
Vergleichen.

Man versucht das Leben, wie es sich zeigt, anzunehmen,
und wenn es mal nicht gut läuft, sich nicht gleich zu
grämen.

Aber wer möchte, dass es vorwärts geht etwas stockend,
das klingt für viele sicherlich nicht wirklich verlockend.

Selbstverständlich wird niemand das Ego davon abhalten,
weiterhin im Leben frei zu schalten und zu walten.

Außer man möchte bewusst selbst entscheiden,
ob man noch lange im (leidvollen) Spiel will verbleiben.

«WAS INKARNIERT ÜBERHAUPT INS FLEISCH ZURÜCK»

Reinkarnation und Karma sind eng verknüpft mit dem Rad
vom Schicksal,
hat man bei solch festgelegten Gesetzmäßigkeiten
überhaupt eine Wahl.

Eigentlich müsste man zuerst einmal wissen, um was es hier
geht,
damit man den Begriff der Reinkarnation auch versteht.

Für Anfänger und Fort-geschrittene ist dies meistens
plausibel und klar,
andere Zeitgenossen finden in dieser Schicksalssuppe
vielleicht ein Haar.

Das Leben hat für sie nochmals eine ganz andere Dimension,
denn wie überall im Leben gibt es auch hier mehr als eine Version.

Egal wie man es im Leben dreht und wendet,
oder an was man glaubt und was Trost spendet.

Wir gehen hier einfachheitshalber mal davon aus,
dass man aus dem Spiel nach einmal nicht ist raus.

So muss man also wieder und wieder ins Fleisch, sprich in einen Körper, inkarnieren,
wenn es dumm für einen läuft, kann man sich schon etwas in diesem Spiel verlieren.

Das Egöli und der Verstand finden dieses Spiel natürlich fantastisch,
denn so wird alles Erdachte und Gewünschte real und plastisch.

Das Ego würde sich ewig mit gutem und schlechtem Karma befassen,
und die wahrhaftige Glückseligkeit im Leben immer wieder verpassen.

Aber hier soll es ja um Gedanken zum Querausstieg gehen,
um für die Seele einen Lichtblick am Horizont zu sehen.

Für die Seele muss das schlechte Karma wie eine bleierne Kugel an einem Fuß sein,
und das gute Karma wie eine goldene Kugel am anderen, ob groß oder klein.

Beide machen uns schwer und halten die Seele in diesem irdischen Spiel gefangen,
und der Grund dafür ist nicht zuletzt die Ego-Kraft mit all dem sinnlichen Verlangen.

Doch irgendwann auf dem Weg wird dies auch das größte Ego erkennen,
und sich nicht mehr in der Welt mit all dem scheinbaren Glück verrennen.

In wahrhaftiger Freiheit zu leben, ist dann nicht mehr vergeblich,
und ein unbeschwertes Dasein für die Seele endlich möglich.

Suchende/r

«SUCHST DU NOCH ODER *FINDEST* DU LIEBER»

Im Außen hat man das wahre Glück auch mit viel
Anstrengung nicht gefunden,
das erkennt man irgendwann, wenn man sich lange genug
dafür hat geschunden.

Es dämmert einem, dass man die Suche nach Innen
verlagern muss,
um dort zu gelangen in den wahrhaftigen Lebensfluss.

Die Sehnsucht kann eine Wegbegleiterin sein,
das, was man nun innen sucht, ist aber leise und fein.

Wie im Außen gibt es auch Innen viele Wege und
Verzweigungen,
diese findet und begeht man individuell nach seinen
Neigungen.

Auch innen gibt es viel Spannendes zu entdecken,
aber auch die Möglichkeit, sich ewig darin zu verstecken.

Denn wie es das Wort Sehnsucht auch noch mitteilt,
kann es sein, dass man süchtig vom einen zum anderen eilt.

Immer auf der Suche nach einem weiteren spirituellen Kick,
so wird das Ganze aber nur zum spirituellen Egöli-Trick.

Dies wäre dann ein mehr oder weniger großes Problem,
und das muss man wahrlich gut durchschauen und verstehen.

Denn ein Egöli ist nicht wirklich zum *endgültigen Finden* zu haben,
allzu gerne kann es sich an all dem Spirituellen ergötzen und laben.

Es ist wie beim Muskelspiel, je länger man diese trainiert,
so auch das spirituelle Egöli mit der Zeit immer stärker wird.

Deshalb ist es ratsam, sich nicht allzu lange mit dem Ego zu schinden,
sondern aufmerksam zu sein, wo das wahre Glück ist zu *finden*.

«STERBEN, BEVOR MAN TOT IST»

Diese Aussage vom Sterben vor dem Tod wird vielleicht
einige schockieren,
es geht aber keinesfalls darum, sein Leben und den Körper
frühzeitig zu verlieren.

Es geht hier um die Identifikation mit seiner Persönlichkeit,
die sich im Verlaufe eines Lebens machen kann sehr breit.

Meinungen, Vorstellungen, Überzeugungen, so allerlei
Besitz und mehr,
machen uns oft, ohne dass wir es bemerken, zunehmend
schwer.

Darum müssen wir aber nicht unseren Besitz aufgeben,
um dann nur noch auf «Wolke sieben» zu schweben.

Denn nicht die Dinge an und für sich stehen quer,
sondern die Identifikationen damit machen es uns schwer.

Dadurch entstehen die einen oder anderen Beschwerden,
vielleicht regt sich plötzlich der Wunsch, etwas leichter zu
werden.

Hat man mit der Desidentifikation erst einmal begonnen,
werden einem nach und nach all die Illusionen genommen.

Schicht um Schicht darf sich ablösen,
das ist aber alles andere als zum Dösen.

Denn nun muss man die alten Verhaftungen sterben
lassen,
das heißt fürs Egöli, dass es muss die Bühne verlassen.

Doch wir wissen ja unterdessen sehr gut, wie so ein Egöli
tickt,
und natürlich wird es versuchen, dies zu umgehen
geschickt.

Das ist mehr als verständlich, das sehen wir ein,
und eigentlich ist es für das Egöli auch etwas gemein.

Aber im Grunde müsste es nur den Thron verlassen,
und sollte es dann allein beim Dienen belassen.

«NUTZBRINGENDES FÜR DIE ER- ODER DOCH EHER ICH-LEUCHTUNG»

Einiges an Übungen auf sich zu nehmen, ist so mancher bereit,
wenn ein spiritueller Fortschritt scheint nicht mehr allzu weit.

Man strengt sich auch gerne einmal überdurchschnittlich an,
dafür sollte die «Erleuchtung» nicht mehr gehen allzu lang.

Denn auch im Spirituellen will man seine Erfolge verbuchen,
und es auf keinen Fall mit unnützen Methoden versuchen.

Das Angebot an Lehrern auf diesem Gebiet ist unglaublich riesig,
so mancher scheut sich aber vor einem Guru, der nicht ist hiesig.

Man könnte ja auf einen Scharlatan reinfallen,
und das würde dem Ego dann gar nicht gefallen.

Doch wie findet man den richtigen Lehrer mit effizienten Übungen für sich,
damit ohne Umwege und möglichst direkt «Erleuchtung» naht fürs ICH.

Am besten sucht man sich dafür einen «echten Leerer»,
damit das ICH immer leichter wird und nicht noch
schwerer.

Denn das Ego benötigt zuerst die Einsicht,
dass es werden muss ganz klein und schlicht.

Das ICH wird leuchten nie und nimmer,
das Ganze würde so nur immer schlimmer.

So wird einem in einem hellen Moment vielleicht bewusst,
dass man es tief im Inneren immer schon hat gewusst.

Das ICH wird es nie zum Leuchten bringen,
nur ER ALL-EIN bringt das Ganze zum Gelingen.

Vorstellungen

«ÜBER VOR-STELLUNGEN KANN MAN LEICHT STOLPERN»

Der Mensch hat wahrlich eine blühende Fantasie,
der Verstand ist auf Trab und ruht praktisch nie.

Da wird das eine mit dem anderen kreativ verwoben,
und wenn als gut befunden zur Vorstellung erhoben.

So bilden sich daraus zukünftige Ideen, von denen man
vielleicht ist entzückt,
es kommt vor, dass man durch die Begeisterung aus seiner
Mitte (ver-)rückt.

Würden all diese Vor-stellungen vor einem stehen,
das gäbe echte Probleme beim Vorwärtsgehen.

Im schlimmsten Falle entstünde daraus eine unüberwindbare
Hürde,
nicht vorstellbar, wenn man sich aufladen würde eine solche Bürde.

Eigentlich müsste man zu Beginn des Denkens wachsam sein
und erkennen,
dass man sich in all den spekulativen Vorstellungen könnte
verrennen.

Vielleicht sollte man nicht so viele Vorstellungen haben,
und sich Schritt für Schritt offen ins Leben vorwagen.

Mit dieser Einstellung würde einem eventuell nicht so viel
im Wege stehen,
und man könnte unbeschwerter und glücklicher seines
Weges gehen.

«DAS LEBEN IST (K)EIN WUNSCHKONZERT»

Das Glück ächzt und stöhnt bei all den Wünschen, die wir
Menschen haben,
ganz zu schweigen von den unerfüllten Wünschen, über die
wir Menschen klagen.

Erfüllen würde das Glück all die Wünsche natürlich liebend
gern,
doch es gibt nur «einen großen Glückskuchen» für alle auf
diesem Stern.

So ist es für das Glück vielleicht auf dieser wundervollen
Erde bestimmt,
im guten Glauben, dass es den Menschen mit gerechtem
Teilen gelingt.

Dass einige sich gar hungrig vom «Glückskuchen» bedienen,
und dabei ungleichmäßig viel von allem verdienen,
auf diese Idee wäre das Leben sicherlich nie gekommen,
und so ist die gut gemeinte Absicht beinahe zerronnen.

Fragen wir besser nicht, was wir bekommen vom Leben,
sondern eher, ob das Leben glücklich ist, was wir ihm geben.

Deshalb möchte ich das Glück nicht auch noch mit
Wünschen belasten,
sondern mich vielmehr zu einer anderen Lebenseinstellung
vortasten.

Denn lieber finde ich die Quelle des grundlosen Glücklich-
Seins,
um zu entdecken die Lebenskunst des wunschlosen
Zufrieden-Seins.

«ALLE FÄLLE KÖNNEN NIE GELÖST WERDEN»

Nun sind wir kurz vor dem Ende vom «spirituellen ABC-Latein»,
und wollen nun vielleicht aussteigen aus dem Ego-Verein.

Es sei an dieser Stelle nochmals darauf hingewiesen,
dass dafür nicht nur eine Lösung wird gepriesen.

Auf diesem Weg bleiben viele Fragen ungeklärt,
man hofft, das Interesse nach Antworten verjährt.

Die Einsicht hilft, dass nicht jedes Problem gelöst werden kann,
auch nicht vom findigsten Ego mit dem intelligentesten Verstand.

Vieles wird für das Ego unverständlich bleiben,
zwangsläufig müssen sich die Wege verzweigen.

Am angenehmsten wäre es, wenn das Ego freiwillig kapituliert,
und das Interesse am Herrschen gänzlich verliert.

Ob dieser Fall je eintreten wird, bleibt dahingestellt,
vielleicht hilft es, wenn sich die Hoffnung dazugesellt.

Unter Z wie Zeuge könnte man erahnen, dass es noch
etwas Übergeordnetes gibt,
was uns Menschen wahrlich versteht und nicht zuletzt
auch über alles liebt.

Dort ist womöglich die wahre Lösung verborgen,
wo sich auflöst jeglicher Kummer und Sorgen.

«BEZEUGEN, WAS MAN NICHT IST»

Zum Abschluss kommt nochmals ein anspruchsvolles
Thema daher,
auf den zweiten Blick ist das Verständnis dafür gar nicht so
schwer.

Man kann den Begriff Zeuge erst mal durch Beobachter
ersetzen,
und sich so vielleicht besser in die Ausgangslage versetzen.

Erinnern sollte man sich, dass es ein dominantes Ego im
ganzen Spiel gibt,
das leider auch ständig den Mittelpunkt zu seinen Gunsten
verschiebt.

So werden Tatsachen immer wieder dahingehend
angepasst,
und dadurch wird nicht selten das eigentliche Ziel verpasst.

Deshalb muss man den Mittelpunkt auf den Beobachter
verschieben,
das wird das Egöli zu Beginn natürlich alles andere als
lieben.

Doch den Standpunkt zu verschieben, ist ausschlaggebend,
dies wirkt gleichzeitig aufs Bewusstsein erhebend.

Zu Beginn versucht das Ego gerne, sich als Beobachter
auszugeben,
doch wenn man aufmerksam ist, bleibt dieser Versuch
vergeben.

Immer mehr entsteht so die notwendige Distanz,
und das Ego verliert mehr und mehr an Glanz.

So kann man als Beobachter immer besser wahrnehmen,
was man nicht ist,
bis man zu guter Letzt nach und nach sein ehemaliges Ego-
Dasein vergisst.

Dann sollten alle Identifikationen verschwunden sein,
und zurück bleibt nur noch der stille Zeuge ALL-EIN.

Nachwort

Es scheint paradox zu sein; zuerst muss man herausfinden, wer man als Person mit all seinen Schattenseiten, aber auch seinen vermeintlich lichtvollen Seiten ist, um dann allmählich zu entdecken, dass man dies so nicht wirklich sein kann.

Inspiriert durch verschiedene Lehrerinnen und Lehrer, von der Philosophie des Advaita Vedanta und dem Leben selbst, sind die Gedichte in diesem Büchlein entstanden. Viele Fragen des spirituellen und weltlichen Lebens durften sich im Verlaufe meines Lebens klären. Dabei sind die spirituellen und weltlichen Lebensbereiche nach und nach ganz natürlich ineinandergeflossen und nun geht es im Grunde meines Herzens einzig und allein um das Leben selbst.

Die Essenz aus all den Erfahrungen und Einsichten ist, dass ich nicht primär versuchen muss, ein besserer Mensch zu werden, sondern zu durchschauen, WER dies überhaupt möchte. Ob weltliche oder spirituelle Ambitionen, es ist immer eine Persönlichkeit vorhanden mit Vorstellungen, welche diese Ziele verfolgt. Und «spirituelle Egölis» können besonders hartnäckig im Verfolgen ihrer Ziele sein, auch wenn diese meistens gut gemeint sind.

Woher kommen denn all die Gedanken, die einen ständig auf Trab halten und einen bewusst oder unbewusst in die eine oder andere Richtung lenken?
Es gibt viele bewährte Methoden und Techniken mit deren Hilfe man seine Gedanken beeinflussen kann. Aber wieso nicht einfach einmal versuchen, Gedanken unabhängig von ihrem Inhalt zu erforschen, nicht um sie in erster Linie zu

verändern, sondern um deren Herkunft und Dynamik auf den Grund zu gehen.

Tatsache ist, dass wir Gedanken und Gefühle haben, aus denen sich manchmal auch unangenehme, wiederkehrende Emotionen manifestieren können. All dies prägt unsere Persönlichkeit, aber sind wir das wirklich?

Ein möglicher «Querausstieg» bedeutet für mich, zu realisieren, dass ich nicht mehr auf alles einsteigen muss, was an Gedanken und Emotionen andauernd in mir aufsteigt und nach Aufmerksamkeit und Befriedigung verlangt. Je mehr man die Ego-Dynamik erkennt, diese durchschauen darf und nicht mehr auf alles eingegangen werden muss, können die überlagerten Identifikationen des Egos sich langsam ablösen. Dadurch entsteht für die in uns schlummernde Seelenqualität immer mehr Raum, und ein allmähliches Erwachen kann geschehen.

Die Sicht auf die eigentliche Bestimmung und nicht zuletzt auch auf das gesamte Leben wird dadurch immer klarer und auch liebevoller. Infolge dessen kann man seine individuellen Talente und Fähigkeiten immer besser in die Gesellschaft einbringen, zum Wohle aller.

Zum Schluss möchte ich gerne auf die *Bhagavad Gita* aufmerksam machen, welche eine zentrale Schrift im Advaita Vedanta ist. Unzählige Menschen wurden davon inspiriert, unabhängig von ihrer Religion. Sie wurde in viele verschiedene Sprachen übersetzt und von Anbeginn bis in unsere Zeit immer wieder durch verschiedene, spirituelle Autoritäten kommentiert.

Viele Berühmtheiten haben die *Gita* gekannt und gelesen; ein Zitat von Johann Wolfgang von Goethe: *«Das Buch, das mich in meinem ganzen Leben am meisten erleuchtet hat.»*

Nun hoffe ich, das Egöli hat im Vorwort nicht zu viel versprochen und die Texte haben bei dir Anklang gefunden und dich da und dort zum Schmunzeln gebracht.

Von ganzem HERZen wünsche ich dir
alles Liebe und uns allen
den wahrhaftigen inneren Frieden!

Pascale

DANK

Mein Dank gilt in erster Linie dem Leben selbst. In all den Jahren ist in mir die Gewissheit gereift, dass das Leben erstaunlich präzise «Regie führt», auch wenn nicht immer alle Begebenheiten erklärlich sind.

Gleichzeitig bedanke ich mich von ganzem Herzen bei all den Menschen, welche mir begegnet sind und mit mir über eine kürzere oder längere Wegstrecke hinweg unterwegs waren oder mir im richtigen Moment den Weg gewiesen haben. Und selbstverständlich gilt dieser Dank auch all jenen, welche aktuell meine «Reise(beg)leiterInnen» sind. Allesamt «kleine und große Lehrmeisterinnen und Lehrmeister» im Dienste des Lebens.

AUSKLANG

«Wenn ein Problem gelöst werden kann,
warum unglücklich sein?
Und wenn es nicht gelöst werden kann,
was macht es dann für einen Sinn, unglücklich zu sein?»

Zen-Zitat